AF380857

Die Bücherdiebin

Markus Zusak

Verfasst von Jessica Wheeler
Übersetzt von Mareike Lobeck

DER QUERLESER

Auf derQuerleser.de findest Du:

Zahlreiche verständliche und detaillierte Lektürehilfen in Nullkommanichts in digitaler Version oder als Taschenbuch.

derQuerleser.de

MARKUS ZUSAK   9

DIE BÜCHERDIEBIN   13

INHALTSANGABE   17

PERSONENANALYSE   25

Liesel Meminger
Hans Hubermann
Rosa Hubermann
Max Vandenburg

INTERPRETATION   31

Der Tod als Erzähler
Bücher und die Macht der Worte
Nazi-Deutschland

ZUM NACHDENKEN   39

DARÜBER HINAUS   43

MARKUS ZUSAK

- **Geboren 1975 in Sydney**
- **Einige seiner Werke:**
  - *Vorstadt-Fighter* (2002), Roman
  - *Der Joker* (2011), Roman
  - *Nichts weniger als ein Wunder* (2018), Roman

Markus Zusak wurde in Sydney als Sohn von nicht-englischsprachigen Eltern geboren. Seine Mutter kam aus Deutschland und sein Vater aus Österreich. Die Geschichten, die sie Zusak und seinen drei älteren Geschwistern über ihre Erlebnisse während des Kriegs in ihren Heimatländern erzählten, inspirierten den Autor zu seinem Roman *Die Bücherdiebin*.

Zusak begeisterte sich schon in jungen Jahren für Literatur und so stand auch sein Wunsch, Autor zu werden, bereits früh fest. Im Alter von 16 Jahren begann er mit dem Schreiben und acht Jahre später erschien sein erstes Buch, *Underdog*[1], das den Beginn einer Trilogie bildete. Die beiden Folgebände wurden beide mit Literaturpreisen ausgezeichnet.

Der Autor wohnt zusammen mit seiner Ehefrau Mika und ihren zwei gemeinsamen Kindern in New South Wales, Australien.

---

1. Auf Deutsch erschienen in *Underdogs: Wolfe-Trilogie.*

DIE BÜCHERDIEBIN

DER KRIEG AUS DER SICHT DES TODES

- **Textgattung:** Historischer Roman
- **Herangezogene Ausgabe:** *Die Bücherdiebin.* Aus dem Englischen von Alexandra Ernst. Blanvalet: München 2008.
- **Erstausgabe:** 2005
- **Themen:** Menschlichkeit vs. Gewalt, Mut, Überleben, Armut, Bücher und die Macht der Worte, Tod, Krieg, Liebe

Zusak erklärte in einem Interview, dass sein Roman widergeben sollte, was die Deutschen in ihrem Alltag während der grausamen Ereignisse des Zweiten Weltkriegs erlebt haben. Der Tod erzählt dabei die Geschichte eines jungen Mädchens, Liesel Meminger, das er „die Bücherdiebin" nennt. Sie hat inmitten der Gräueltaten der Nationalsozialisten einen tiefen Eindruck auf ihn hinterlassen, weswegen er beschließt, von ihr zu berichten.

Zusaks Roman unterscheidet sich in mehreren Aspekten von anderen Geschichten, die von Erlebnissen während des Zweiten Weltkriegs berichten. So beschreibt Zusak die schrecklichen Ereignisse dieser Zeit anhand einer Geschichte über ein scheinbar ganz normales deutsches Mädchen, das, gerade zum Ende des Romans, ein besonderes Beispiel für Moral, Menschlichkeit und Mitgefühl wird. Mit dieser Gegenüberstellung von kindlicher Unschuld und bedrückendem Leid ist Zusak eine fesselnde Erzählung gelungen.

INHALTSANGABE

Zusammen mit ihrer Mutter und ihrem Bruder fährt Liesel mit dem Zug zu ihren neuen Pflegeeltern. Liesels Bruder stirbt auf der Fahrt und die Reise muss für seine Beerdigung unterbrochen werden. Als der Lehrling des Totengräbers bei der Beerdigung den Friedhof verlässt, verliert er ein Buch, das Liesel aufhebt und als Andenken an ihren Bruder behält. Es ist das erste Buch, das Liesel als „Bücherdiebin" an sich nimmt. Am Bahnhof in München muss sich Liesel von ihrer Mutter verabschieden und wird zu Hans und Rosa Hubermann, ihren neuen Pflegeltern, gebracht. Mit Hans versteht sie sich schnell sehr gut und zwischen den beiden entwickelt sich eine starke, liebevolle Vater-Tochter-Beziehung. Da sich Liesel kaum an ihren echten Vater erinnern kann und sie sich über Hans' Freundlichkeit und Zuneigung freut, hat sie „keine Vorbehalte, ihn Papa zu nennen" (S. 31). Rosa nimmt Liesel mit, um die Wäsche, die sie für die Nachbarn erledigt, abzuholen und wieder auszuteilen. Schnell übernimmt Liesel selbst diese Aufgabe und lernt so die anderen Einwohner von Molching besser kennen. Außerdem kommt sie in die Schule, wird jedoch einer Klasse mit jüngeren Kindern zugeteilt, weil sie nicht lesen kann. Als Hans das herausfindet, bringt er ihr das Alphabet bei.

NEUE FREUNDE UND NOCH EIN GESTOHLENES BUCH

Liesel freundet sich schnell sehr gut mit dem Nachbarsjungen Rudi Steiner an. Anfänglich bedrängt er sie, ihn zu küssen, was Liesel jedoch ablehnt. Anlässlich Hitlers Geburtstag wird eine Bücherverbrennung organisiert. Zu diesem Zeitpunkt kann Liesel schon ein bisschen lesen und erkennt den Wert, den Bücher haben. Sie versteht, dass die Bücherverbrennung der Zensur dient und Teil der nationalsozialistischen Propaganda ist. Ihr Pflegevater warnt sie allerdings, die nazi-feindliche Einstellung, die sie daraufhin entwickelt, nicht zu zeigen, weil er Angst vor den möglichen Folgen hat. Als Akt der Rebellion stiehlt Liesel deswegen stattdessen in der Nacht von Hitlers Geburtstag ein Buch von dem brennenden Haufen.

DIE FRAU DES BÜRGERMEISTERS

Liesel weiß, dass Ilsa Hermann, die Frau des Bürgermeisters, gesehen hat, wie sie das Buch vom brennenden Haufen gestohlen hat. Zunächst meidet das Mädchen sie daraufhin, doch als sie sich dennoch begegnen, lädt Ilsa Liesel zu sich nachhause ein und zeigt ihr ihre Bibliothek voller Bücher. Die Erzählung springt nun von Liesel in Molching zu Max Vandenburg in seinem Versteck in Stuttgart, womit bereits angedeutet wird, dass sich Max' und Liesels Wege eines Tages kreuzen werden. Ilsa lässt Liesel die Bibliothek nutzen und Liesel findet heraus, dass Ilsa einen Sohn hatte, der jedoch gestorben ist.

DIE ANKUNFT VON MAX

Max Vandenburg kommt zu den Hubermanns und bittet sie um Hilfe und Unterschlupf. Hans erzählt Liesel daraufhin, dass Max' Vater ihm im Ersten Weltkrieg das Leben gerettet hat und Hans ihm daher versprochen hat, seinen Sohn zu schützen und ihm zu helfen, sollte dies jemals nötig werden. Die ersten paar Nächte schläft der junge Mann im gleichen Zimmer wie Liesel, in dem Bett, das eigentlich für ihren Bruder bestimmt war. Danach zieht Max in den Keller um und bleibt versteckt. Das Leben bei den Hubermanns dreht sich nun um das gemeinsame Geheimnis – den Juden, den sie im Keller verstecken. Max wird krank, weil der Keller kalt und feucht ist. Er und Liesel freunden sich an: Beide haben in ihren kurzen Leben bereits Verluste hinnehmen müssen und traumatische Dinge erlebt und beide wachen nachts häufig auf, weil sie unter Albträumen von diesen Erlebnissen leiden. Liesel feiert ihren 12. Geburtstag und als nachträgliches Geschenk bastelt Max ihr ein Buch aus den Seiten einer Ausgabe von *Mein Kampf*, die Hans ihm gegeben hat. Sein Buch erzählt, wie sich Max und Liesel kennengerlernt haben und Freunde geworden sind.

DIE BÜCHERDIEBIN SCHLÄGT WIEDER ZU

Der Krieg dauert weiter an und der Bürgermeister und seine Frau beschließen, ihre Wäsche nicht mehr von Rosa machen zu lassen. Alle müssen nun kürzertreten. Liesel und Rudi klettern durch ein offenes Fenster in das Haus des Bürgermeisters, wo Liesel ein Buch aus der Bibliothek stiehlt.

ZWEI BEDROHLICHE SITUATIONEN

Max wird wieder krank und die Hubermanns befürchten, dass er sterben wird. Liesel liest ihm vor, nachdem er das Bewusstsein verloren hat, und bringt ihm kleine Geschenke. Schließlich wird Max wieder gesund und kehrt zurück in den Keller. Kurze Zeit darauf gehen Mitglieder der NSDAP von Haus zu Haus, um zu prüfen, ob sich die Keller als Luftschutzkeller eignen. Sie inspizieren auch den Keller der Hubermanns, glücklicherweise finden sie dabei Max jedoch nicht.

HILFSBEREITSCHAFT FÜHRT ZU ANGST UND SCHRECKEN

Die Juden, die ins Konzentrationslager Dachau deportiert werden, werden durch Molching geführt. Hans gibt einem alten Mann, der kaum mit den anderen Gefangenen mithalten kann, ein Stück Brot. Beide werden vor den Augen der Menge ausgepeitscht und Hans befürchtet, dass die Gestapo ihn nun zuhause festnehmen und dann Max finden wird. Daraufhin verlässt Max das Haus der Hubermanns. Hans wird zum Kriegsdienst eingezogen und muss die Familie verlassen. Es werden noch mehrere Male Juden durch Molching geführt und Liesel überprüft immer, ob sich Max unter den Gefangenen befindet. Nach einem weiteren Luftangriff gibt Rosa Liesel das Geschenk, das Max für sie hinterlassen hat – ein Buch mit dem Titel *Die Worteschüttlerin*. Hans wird verwundet und schreibt in einem Brief, kurz nachhause zu kommen, bevor er anfangen wird, in München eine Stelle im Innendienst anzutreten. Kurz darauf kehrt Hans nach Molching zurück.

EIN TRAGISCHES ENDE

Eine weitere Gruppe Juden wird durch das Dorf geführt und Liesel sieht Max unter den Gefangenen. In der Nacht werden Bomben über der Straße abgeworfen, wo Liesel wohnt. Alle, die sie kennt und liebt, sterben bei diesem Luftangriff. Liesel überlebt nur deswegen, weil sie während des Angriffs im Keller gelesen hat.

PERSONENANALYSE

Die Protagonistin Liesel wird vom Erzähler, dem Tod, „die Bücherdiebin" genannt. Den Grund dafür erfährt der Leser im Laufe des Romans. Zu Beginn der Geschichte ist Liesel 9 Jahre alt, stark unterernährt und hat gerade ihren kleinen Bruder verloren, der auf der Reise zu ihren neuen Pflegeeltern gestorben ist. Trotz ihrer jungen Jahre hat Liesel schon viel durchmachen müssen. Dies hat ihren Charakter geformt, sie stark und mutig gemacht. Außerdem hat Liesel viel Mitgefühl für die Menschen in ihrem Umfeld und sorgt sich sehr um sie. Diese Eigenschaften führen dazu, dass sie sich gegen das erlebte Leid und die Ungerechtigkeit wehrt. Sie kann die schrecklichen Ereignisse um sie herum nicht einfach hinnehmen und nur zusehen, sondern handelt – auch wenn sie noch ein Kind ist – entsprechend ihrem Sinn für Gerechtigkeit. Auch als sie älter wird, behält Liesel diese Eigenschaften bei. Sie denkt selbstständig und bildet sich ihre eigene

Meinung über die Ereignisse und die Menschen, die sie trifft. Liesel Meminger ist nicht nur die Protagonistin des Romans, sondern ebenfalls die Heldin ihrer eigenen Geschichte.

HANS HUBERMANN

Hans und seine Ehefrau Rosa nehmen Liesel als Pflegekind bei sich auf. Gleich zu Beginn der Geschichte wird deutlich, dass er ein äußerst netter Mann ist. Mit seiner Freundlichkeit gelingt es ihm, Liesel zu überreden, aus dem Auto auszusteigen und zum ersten Mal ihr neues Zuhause zu betreten. Zwischen Hans und Liesel entsteht schnell eine liebevolle Eltern-Kind-Beziehung, da er ihr hilft, das Trauma vom Tod ihres Bruders zu verarbeiten, während sie von ihrer Mutter getrennt ist und ein neues Leben anfangen muss. Die väterliche Liebe und Gutherzigkeit, die Hans Liesel entgegenbringt, sind essentieller Bestandteil seines Charakters. Außerdem teilt Hans einige Eigenschaften mit Liesel. So ist er ebenfalls ein Freidenker, hat eine kritische Einstellung gegenüber dem Nazi-Regime, ist mitfühlend und mutig. Hans bringt Liesel zudem das Lesen bei.

Hans' Ehefrau Rosa ist Liesels Pflegemutter. Zu Beginn der Geschichte wird Rosa als brüsk und gemein dargestellt und scheint auch für Liesels traumatische Erlebnisse kein Verständnis zu haben. Sie drückt sich stets ausfällig aus und benutzt häufig Begriffe wie „Saumensch", „Saukerl" und „Arschloch". Der Erzähler sagt über Rosa: „Sie besaß das unglaubliche Talent, fast jeden, den sie traf, vor den Kopf zu stoßen. Aber sie liebte Liesel Meminger. Sie hatte nur einfach eine merkwürdige Art, diese Liebe zu zeigen" (S. 30). Rosa beschimpft Hans die meiste Zeit und wirft ihm vor, als Ehemann nicht gut für sie zu sorgen, sodass sie für wohlhabendere Dorfbewohner die Wäsche machen muss. Dennoch liebt Rosa ihren Ehemann und Liesel sehr und tut alles, um sie zu schützen. Als Hans eingezogen wird, vermisst Rosa ihn und umschlingt nachts sein Akkordeon, das sie an ihn erinnert. Mit der Ankunft von Max Vandenburg wird eine sanftere Seite an Rosa deutlich, denn sie macht sich sofort um ihn Sorgen und kümmert sich um ihn. Trotz der großen Gefahr, in die sie sich und ihre Familie damit bringt, zögert sie keine Sekunde, den Jungen aufzunehmen und zu beschützen.

MAX VANDENBURG

Max ist der Sohn eines Freundes von Hans Hubermann, der letzterem während des Zweiten Weltkriegs das Leben gerettet hat. Als Jude muss er sich vor den Nationalsozialisten verstecken. Max leidet unter Schuldgefühlen, weil er seine Familie verlassen hat und die Hubermanns in Gefahr bringt, indem sie ihn in ihrem Haus verstecken. Als Max jünger war, hat er geboxt, und dieser Kämpfergeist bleibt ihm während der ganzen Geschichte erhalten. Er zeigt großes Durchhaltevermögen und einen ausgeprägten Lebenswillen – Eigenschaften, die er mit Liesel teilt. Sowohl Liesel als auch Max werden von Albträumen über ihre traumatischen Erlebnisse heimgesucht. Zudem helfen sie sich gegenseitig und mögen sich sehr.

INTERPRETATION

DER TOD ALS ERZÄHLER

Zusak hat mit dem personifizierten Tod als Erzähler eine außergewöhnliche Wahl getroffen. Während traditionell der Sensenmann mit dem Tod verbunden wird, gibt sich der Erzähler dieses Romans selbst keinen Namen. Stattdessen erkennt der Leser im Laufe des ersten Kapitels, um wen es sich bei dem Erzähler handeln muss, als dieser beschreibt, wie er, wenn ein Mensch stirbt, dessen Seele an sich nimmt. Durch die Wahl dieses Erzählers gibt die Erzählung oft indirekt Details und Informationen preis.

Da es sich beim Erzähler um den Tod handelt, entsteht ebenfalls der Eindruck, dass die Geschichte aus der Sicht eines Wesens erzählt wird, das alles sehen kann. Die Erzählstimme scheint von einer Position zu kommen, die von Menschen nicht eingenommen werden kann, sodass dem Erzähler eine besondere Bedeutung zugemessen wird und der Leser quasi automatisch auf dessen Verlässlichkeit vertraut. Epische Vorausdeutungen, also Hinweise auf spätere Geschehnisse in der Handlung, stärken dieses Vertrauen zusätzlich. Die Erwartungen, die der Leser aufbaut, werden so regelmäßig erfüllt, sodass sein Vertrauen in den Tod als Erzähler weiter bestätigt wird.

Der Tod zeigt sich über den Roman hinweg mitfühlend, was im Kontrast zur allgemeinen Erwartung an seinen Charakter steht. Viele Menschen haben Angst vor dem Sterben und Darstellungen des Sensenmanns sind selten freundlicher Natur. Zusak hingegen lässt den Tod über die Seelen, die er sammeln soll, hinaus auf die Leben, die diese Menschen geführt haben, und ihre Welt blicken. Der Autor stattet den Tod mit einem Herzen und vermutlich einer eigenen Seele aus. Seine Figur stellt damit zwar den Tod dar, diesem sind die Seelen, die er sammeln soll und vor allem die, denen noch ein wenig mehr Zeit gegeben ist, aber nicht gleichgültig. Seine Menschlichkeit und sein Mitgefühl lassen den Tod letztlich Liesel Memingers Geschichte erzählen und geben dem Roman seine charakteristische, einzigartige, außerordentliche starke Erzählstimme.

BÜCHER UND DIE MACHT DER WORTE

Als der Leser Liesel kennenlernt, ist sie ein von Armut gezeichnetes 9-jähriges Mädchen, das nicht einmal lesen gelernt hat. Sie leidet unter dem Verlust ihres Bruders und ihrer Mutter. Dieses Ereignis wird durch das erste Buch, das in ihren Besitz kommt, markiert. Es trägt den Titel *Das Handbuch des Totengräbers*, wobei nicht der Inhalt des Buchs von besonderer Bedeutung ist, sondern das, was es für Liesel darstellt – einen Neuanfang. Der Erzähler erklärt, dass Liesel das Buch aus dem Schnee aufgehoben hat, wo der Lehrling des Totengräbers es verloren hat, weil sie eine Erinnerung an den letzten Moment haben wollte, den sie mit ihrem Bruder verbracht hat. Kurz danach muss Liesel sich von ihrer Mutter verabschieden und ihr Leben verändert sich für immer.

Obwohl Hans selbst nicht besonders gebildet ist, bringt er Liesel das Lesen bei. Als erstes Buch lesen die beiden *Das Handbuch des Totengräbers*. Wieder ist nicht der Inhalt des Buches oder die Bedeutung der Wörter wichtig, diesmal geht es vielmehr um die Wörter selbst und die Tatsache, dass sie die beiden Leser miteinander verbinden. Dieses Thema setzt sich in der Freundschaft zwischen Liesel und Ilsa Hermann fort. Die Bibliothek wird zu einem Ort, wo sich die beiden über ihren Verlust austauschen können. Mitten in den vielen Wörtern der Bücher um sie herum entsteht zwischen der wohlhabenden Bürgermeisterfrau und der armen, hungernden Ziehtochter der Wäscherin eine enge Bindung. In der Bibliothek wächst Liesels Liebe zu Büchern und ihre Wertschätzung für diese und dort findet sie auch ihren zweiten Bücherschatz.

Doch Bücher und Wörter machen nur die Hälfte des zentralen Themas der Geschichte aus. Liesel wird vom Erzähler „die Bücherdiebin" genannt und gerade der Diebstahl der Bücher lässt die Kraft der Wörter inmitten der Schrecken der Nazi-Herrschaft noch besonderer erscheinen. Ilsa möchte Liesel ein Buch schenken, was diese jedoch ablehnt. Stattdessen stiehlt sie eines aus Ilsas Bibliothek. Durch das Stehlen scheint Liesel sich ihre Wörter wieder zurückzuerobern und damit auch deren Potenzial, Veränderung zu erwirken.

Die Nationalsozialisten waren sich dieser Macht der Worte bewusst, wie die offiziell organisierten Verbrennungen der Bücher von nicht-arischen Autoren beweisen. Damit wird Liesels riskante und rebellische Tat, ein Buch vom Haufen der brennenden Bücher zu stehlen, zu einer der symbolhaftesten des gesamten Romans. Ihr einfacher, spontaner Entschluss, das Buch mitzunehmen, steht für den unschuldigen Widerstand eines Kindes gegen die groteske Macht der nationalsozialistischen Ideologie.

Eine weitere symbolhafte Tat, die die Macht der Worte bezeugt, wird von Max Vandenburg ausgeführt. Dieser bemalt die Seiten seiner Ausgabe von Adolf Hitlers Mein Kampf, um auf dem dann schwarzen Untergrund aufzuschreiben, wie er und Liesel sich kennengelernt haben und Freunde geworden sind. Indem er dafür das Buch des Mannes verwendet, der für seine Unterdrückung und sein Leid verantwortlich ist, untergräbt er die Macht dessen Worte mit seinen eigenen. Die Wörter, die so vielen Menschen Schmerz und Leid zugefügt haben, werden von Max durch Wörter ersetzt, die Gutherzigkeit, Liebe und Freundschaft ausdrücken.

Zum Ende des Romans ist es wieder Ilsa, die Liesel ein weiteres Hilfsmittel an die Hand gibt und sie dazu inspiriert, mit Wörtern gegen den Hass und ihre Verzweiflung darüber, in Nazi-Deutschland zu leben, zu kämpfen. Denn Ilsa schenkt Liesel ein Buch, in das sie ihre eigene Geschichte schreiben kann – die sich der Tod verpflichtet fühlt zu erzählen. Das zeigt, dass Worte eine so große Kraft haben, dass sie sogar auf den Tod einen bleibenden Eindruck hinterlassen können.

NAZI-DEUTSCHLAND

Zusaks Roman spielt während des Zweiten Weltkriegs, in dem Adolf Hitler und die NSDAP gegen die deutsche Bevölkerung und weit darüber hinaus schreckliche Taten verübt haben. Zusak rückt in *Die Bücherdiebin* den Alltag eines jungen deutschen Mädchens in den Vordergrund. Diese Entscheidung steht in starkem Kontrast zu vielen Geschichten, die zur gleichen Zeit spielen und den Fokus ganz direkt auf die Judenverfolgung richten. Zusak lässt das Leid der von Hitler und der NSDAP unterdrückten Menschen jedoch nicht unberücksichtigt, er bietet mit seiner Geschichte vielmehr eine andere Perspektive. Mit dem Tod als Erzähler und Liesel als Hauptfigur erlebt der Leser die Schrecken dieser Zeit anders als in Büchern wie *Tagebuch* von Anne Frank, *... trotzdem Ja zum Leben sagen* oder *Schindlers Liste*, um nur drei bekannte Bücher über den Holocaust zu nennen.

ZUM NACHDENKEN

FRAGEN ZUR VERTIEFUNG

- Handelt es sich bei diesem Roman, Deiner Meinung nach, um Holocaustliteratur? Begründe Deine Antwort.
- Welchen Effekt hat die Tatsache, dass der Tod die Geschichte erzählt? Stelle Dir vor, sie wäre aus Liesels Sicht geschrieben. Wie würde das den Rahmen der Geschichte ändern?
- Findest Du den Titel des Romans passend? Hätte man einen anderen Titel wählen können?
- Beschreibe, wie Zusak mit verschiedenen Sinneseindrücken spielt, diese miteinander verbindet und in seinen Beschreibungen vermischt.
- Im letzten Satz erklärt der Tod: „Ich bin von Menschen verfolgt" (S. 471). Warum sagt er das, Deiner Meinung nach?
- Wenn Du einer der Romanfiguren eine Frage stellen könntest, was würdest Du sie fragen?
- Ist der Tod für dich weiblich oder männlich? Begründe Deine Antwort.

- Zusak verwendet das Stilmittel der Voraus-
  deutung. Wie wirkt sich das auf die Schnellig-
  keit und die Erzählung der Geschichte aus?
- Vergleiche *Die Bücherdiebin* mit einem anderen
  Roman, der während des Zweiten Weltkriegs
  spielt. Worin ähneln und unterscheiden sie
  sich? Vermitteln sie die gleiche Botschaft und
  wecken sie beim Leser die gleichen Emotionen?

Deine Meinung ist uns wichtig!
Hinterlasse doch einen Kommentar auf der Seite
unser Online-Buchhandlung
und teile Deine Favoriten in den sozialen
Netzwerken!

DARÜBER HINAUS

HERANGEZOGENE AUSGABE

- Zusak, Markus: *Die Bücherdiebin*. Aus dem Englischen von Alexandra Ernst. Blanvalet: München 2008.

SEKUNDÄRLITERATUR

- Helmes, Irene: „‚Man muss Vertrauen haben‘". *Süddeutsche Zeitung*. (11.09.2014). https://www.sueddeutsche.de/kultur/buecherdiebin-autor-markus-zusak-man-muss-vertrauen-haben-1.2109164 (22.05.2019).

- Rehfeld, Nina: „Bomben für die ganze Familie". *Spiegel Online*. (12.03.2014). https://www.spiegel.de/kultur/kino/die-buecherdiebin-von-markus-zusak-kommt-ins-kino-a-957816.html (22.05.2019).

- Spreckelsen, Tilman: „Das Leben seiner Eltern". *Frankfurter Allgemeine*. (09.03.2008). https://www.faz.net/aktuell/feuilleton/buecher/rezensionen/sachbuch/das-leben-seiner-eltern-1516897.html (22.05.2019).

VERFILMUNG

- *Die Bücherdiebin.* Film von Brian Percival, mit Geoffrey Rush, Emily Watson und Sophie Nélisse. Deutschland/USA 2013.

MEHR AUF DERQUERLESER.DE

- Meurée, Florence; Mathot, Claire: Tagebuch *von Anne Frank (Lektürehilfe). Detaillierte Zusammenfassung, Personenanalyse und Interpretation.* Aus dem Französischen von Miriam Traub. Plurilingua Publishing: Brüssel 2018.

- Perrel, Cécile: Damals war es Friedrich *von Hans Peter Richter (Lektürehilfe). Detaillierte Zusammenfassung, Personenanalyse und Interpretation.* Aus dem Französischen von Mareike Lobeck. Plurilingua Publishing: Brüssel 2019.

- Roland, Natalie; Balthasar, Florence: Die Welle *von Morton Rhue (Lektürehilfe). Detaillierte Zusammenfassung, Personenanalyse und Interpretation.* Aus dem Französischen von Helle Hannken-Illjes. Plurilingua Publishing: Brüssel 2018.

- Scriven, Anna: Der Junge im gestreiften Pyjama *von John Boyne (Lektürehilfe). Detaillierte Zusammenfassung, Personenanalyse und Interpretation.* Aus dem Englischen von Mareike Lobeck. Plurilingua Publishing: Brüssel 2019.

derQuerleser.de

Literatur auf den Punkt gebracht!

Die präsentierten Inhalte werden vom Herausgeber überprüft, dennoch übernimmt dieser keine Haftung für die inhaltliche Richtigkeit, Vollständigkeit und Aktualität der vorgestellten Inhalte.

www.derQuerleser.de

ISBN digitale Ausgabe: 9782808020022

ISBN gedruckte Ausgabe: 9782808020039

Pflichtexemplar: D/2019/12603/166

Cover: © Plurilingua

Logo: © Graphicrepublic (Freepik.com) und Plurilingua

Digitale Aufbereitung: Primento, der digitale Partner der Herausgeber